# Liebe Leserin, lieber Leser!

*Es glänzt und glitzert überall – Perlenschmuck liegt wieder voll im Trend! Die Verbindung der traditionellen Häkeltechniken mit der Vielfalt aktueller Perlenfarben und -formen lässt Schmuckstücke entstehen, die Sie begeistern werden.*
*Ob Halskette, Armband oder Fußkettchen – von schlicht bis raffiniert, von klassisch bis verspielt – hier findet jeder sein Lieblingsstück!*
*Ihrer Fantasie sind bei der Farbkombination keine Grenzen gesetzt. Häkeln Sie Perlenketten, die in Farbe und Form genau auf Ihre Garderobe abgestimmt sind.*
*Auch zum Verschenken eignen sich diese Perlenketten hervorragend. Ein besonders persönliches Geschenk ist zum Beispiel eine Kette in den Lieblingsfarben der Freundin.*

*Viel Spaß und Erfolg beim Häkeln wünscht Ihnen*

Angela Brandt

# Inhaltsverzeichnis

UHU
sekund

# Material und Werkzeug

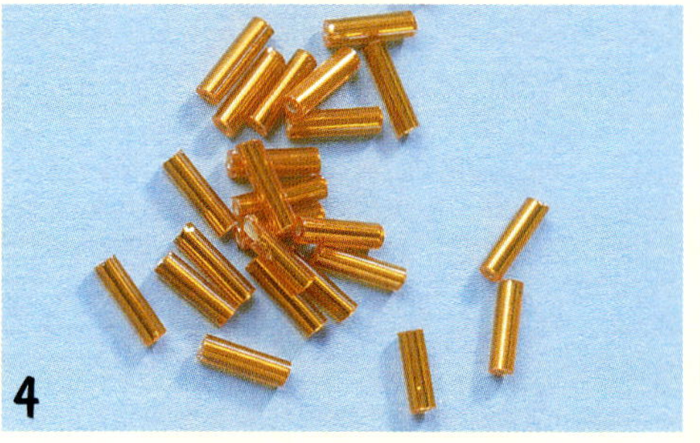


## Perlen

Es gibt Perlen in allen möglichen Materialien, Größen, Farben und Formen. In diesem Buch wird vorwiegend mit Wachs- (1) und Glasperlen (2) sowie Facettenperlen mit einem Durchmesser von 4 mm gearbeitet. Die Glasperlen unterscheiden sich schon durch ihr Gewicht von den anderen Perlen. Sie sind erheblich schwerer als Wachs- oder Facettenperlen. Wachsperlen gibt es in unterschiedlichen Qualitäten und Verpackungseinheiten. Die 4-mm-Perlen werden in Beuteln oder Dosen zwischen 80 und 100 Stück angeboten.
Rocailles (3), auch Indianerperlen genannt, werden für die in diesem Buch gezeigten Modelle mit einem Durchmesser von 2,2–2,6 mm verwendet. Die Rocailles werden in einer großen Farb-, Größen- und Formenvielfalt angeboten. Je nach Hersteller variieren die Größen ein wenig. Man erhält die Perlen im Bastelfachhandel in Dosen oder Beuteln zwischen 10 g und 28 g.
Glasstifte (4), auch als Stiftperlen bezeichnet, gibt es gedreht und glatt sowie in verschiedenen Größen. Für die hier präsentierten Modelle werden ausschließlich Glasstifte mit einer Länge von 7 mm und einem Durchmesser von 2 mm verwendet.
Für die jeweiligen Modelle wird die im Handel erhältliche Abpackungsmenge angeführt, also eine handelsübliche Dose oder ein entsprechender Beutel. Die darin enthaltenen Perlen sind zwar großzügig bemessen und reichen meist für mehr als nur eine Kette, aber die Angabe der Abpackungsmenge erleichtert den Kauf der richtigen, d. h. der hier verwendeten Perlen.

## Häkelnadel

Zum Häkeln wird eine Häkelnadel in der Stärke 1,25 mm benötigt. Eine Häkelnadel mit Schutzkappe ist von Vorteil, weil sie das Aufribbeln der Arbeit während des Transports verhindert.

## Fädelnadel

Zum Auffädeln kann jede Stick- oder Nähnadel benutzt werden, vorausgesetzt, der Faden passt durch die Öse und die Nadel lässt sich problemlos durch die entsprechenden Perlen schieben. Für das Aufreihen von Glasstiften gibt es im Fachhandel spezielle Aufreihnadeln, deren Öse sich zum Einfädeln auseinander biegen und dann wieder zusammendrücken lässt.

## Garn

Die Ketten in diesem Buch werden alle mit Knopflochgarn aus 100 % Polyester gehäkelt. Der Garnfaden wird während des Häkelns auf der Garnrolle belassen und nicht abgeschnitten. Die Rollen werden im Handel zu 30 m und 300 m angeboten. Aus einer 30-m-Rolle können zum Beispiel etwa drei Ketten in der türkischen Häkeltechnik (siehe Grundkurs 1) und eine Kette und ein Armband in der Schlauchtechnik (siehe Grundkurs 2) gefertigt werden.

## Flache Schale

Die Perlen lassen sich am besten auffädeln, wenn man sie in eine kleine Schale mit möglichst ebenem Boden gibt und sie aus der Schale mit der Fädelnadel aufnimmt.

## Verschlüsse

Die für die hier gezeigten Modelle verwendeten Magnetverschlüsse haben den Vorteil, dass sie leicht zu öffnen und zu schließen sind. Es gibt runde Magnetverschlüsse und längliche Magnetverschlüsse. Damit sich die Kette ganz sicher nicht öffnen kann, sollte bei den runden Verschlüssen auf einen vollflächigen Magneten geachtet werden.
Für Armbänder und Fußketten, die größerer Bewegung als Halsketten ausgesetzt sind, empfiehlt sich die Verwendung von Karabinerhaken.
Magnet- und Karabinerverschlüsse sind in Gold und Silber erhältlich.

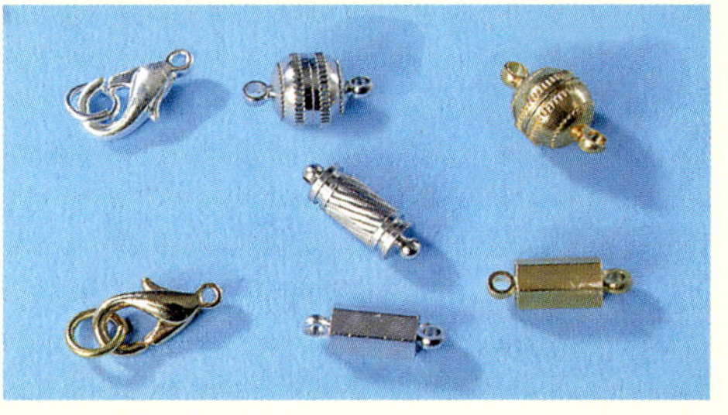

## Zange

Um verkehrt aufgefädelte Perlen zu entfernen, d. h. vom Faden abzuknipsen, wird eine kleine Zange oder ein kleiner Seitenschneider verwendet.

## Textilkleber

Um den angenähten Verschluss abschließend noch zu sichern, kann ein wenig Textilkleber auf die Verbindung von Faden und Verschluss aufgebracht werden. Statt Textilkleber kann auch Sekundenkleber verwendet werden.

# Türkische Häkeltechnik

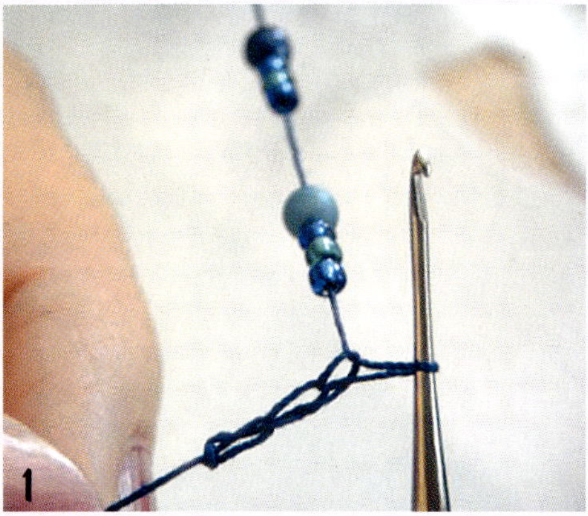
1

**1.** Immer abwechselnd eine große Perle einer Farbe, drei kleine Rocailles – im Folgenden als Muster bezeichnet –, eine große Perle anderer Farbe, drei kleine Rocailles usw. auf den Faden einer Rolle Knopflochgarn fädeln, bis ein ca. 2,5 m langer Perlenstrang entstanden ist. Immer mit den drei Rocailles enden. Den Faden keinesfalls abschneiden, sondern an der Garnrolle lassen!
Jetzt die Fädelnadel entfernen und am Anfang des Fadens drei Luftmaschen häkeln.

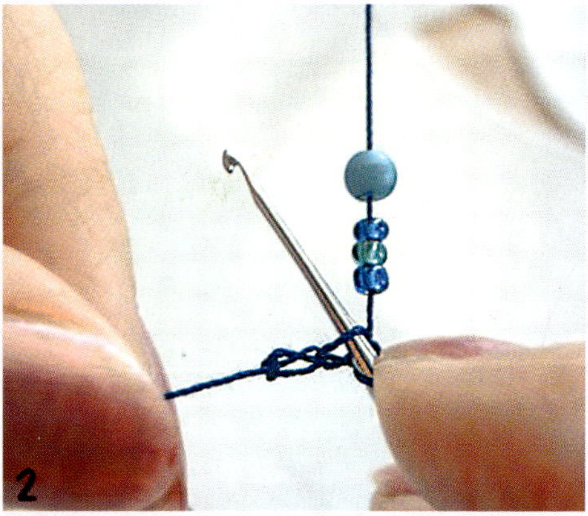
2

**2.** Nun wird das erste Muster eingearbeitet. Dazu mit der Häkelnadel in die mittlere Luftmasche stechen, den Faden hinter der großen Perle holen und dann durch beide Schlaufen ziehen. Anschließend eine Luftmasche häkeln.

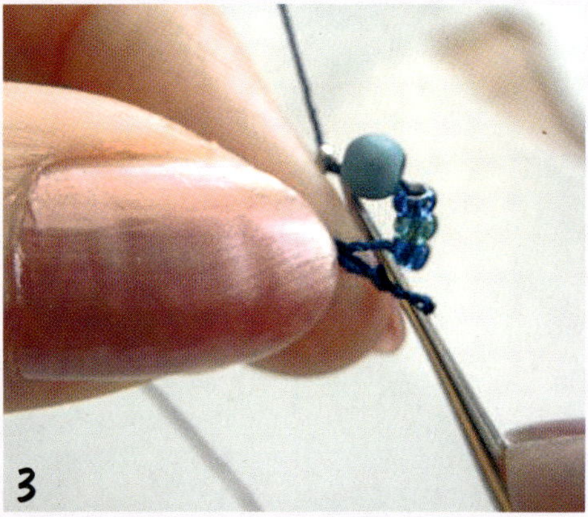
3

**3.** Danach Schritt 2 mit einem weiteren Muster wiederholen, d. h. in dieselbe mittlere Luftmasche einstechen und eine große Perle in anderer Farbe und drei kleine Rocailles einhäkeln. Im Anschluss wird wieder eine Luftmasche gehäkelt. Es sind nun zwei Perlenschlaufen entstanden.

**Hinweis:** *Um ein gutes Ergebnis, d. h. eine gleichmäßige Handarbeit und damit eine schöne Perlenkette zu erhalten, sollte hier durchgängig sehr fest gehäkelt werden.*

4. Nun die Handarbeit so drehen, dass die erste große Perle zum Körper zeigt, und in die erste Perlenschlaufe, d. h. zwischen die große Perle und die drei Rocailles stechen. Mit dem Fingernagel die große von den kleinen Perlen trennen, damit die Häkelnadel fest zwischen der großen Perle und den kleinen Perlen sitzt.

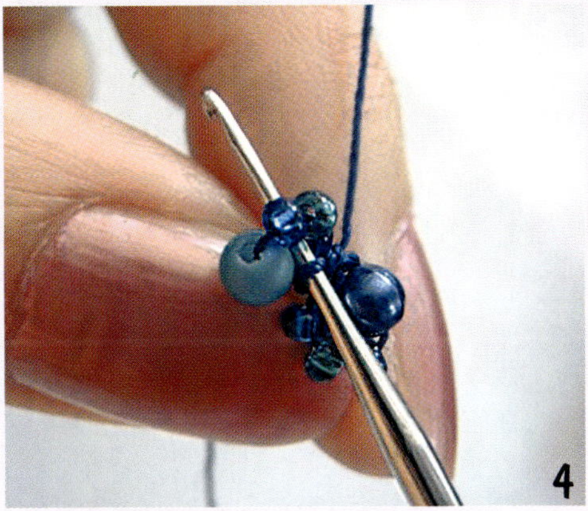

4

5. Ein weiteres Muster an die Handarbeit schieben und hinter der großen Perle den Faden durch beide auf der Häkelnadel liegenden Schlaufen ziehen. Anschließend eine Luftmasche häkeln. Darauf achten, dass die Farben der beiden großen Perlen – der Perle der Perlenschlaufe und der des einzuhäkelnden Musters – stets übereinstimmen. Wurde falsch gefädelt, die Perlen mit einer kleinen Zange herausknipsen.

5

6. Die Handarbeit im Uhrzeigersinn drehen. In die zweite Perlenschlaufe, zwischen die große Perle und die Rocailles, stechen, die Häkelnadel sitzt fest dazwischen. Ein Muster heranschieben, den Faden wieder durch beide Schlaufen ziehen. Im Anschluss eine Luftmasche häkeln. Den Vorgang bis zum Ende wiederholen. Hat die Kette die gewünschte Länge erreicht, wie gewohnt in die Perlenschlaufe einstechen, aber kein neues Muster holen, sondern den Faden durch die beiden Schlaufen ziehen und eine Luftmasche häkeln, Vorgang wiederholen. Den Faden abschneiden und durch die Schlinge ziehen. Mit den Fadenenden den Verschluss annähen.

6

# Schlauchtechnik

1

2

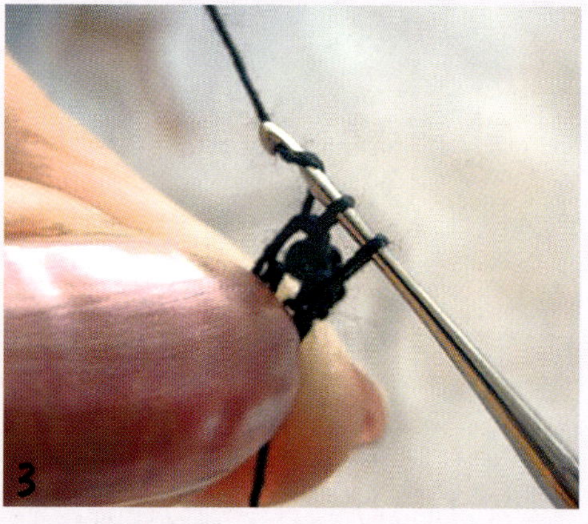

3

**1.** Zu Beginn werden im Wechsel drei verschiedenfarbige Rocailles auf den Faden auf der Garnrolle aufgefädelt. Der Perlenstrang sollte schließlich eine Länge von etwa 2,2–2,5 m haben. Den Faden jetzt keinesfalls abschneiden, er bleibt auf der Garnrolle; insgesamt werden für eine solche Kette in der Schlauchtechnik fast 20 m Garn benötigt.
Jetzt sieben Luftmaschen am Anfang des Fadens häkeln. Dann diese Luftmaschen zu einem Kreis schließen, indem die erste Luftmasche mit der letzten Luftmasche durch eine Kettmasche verbunden wird.

**2.** Beim nächsten Arbeitsgang wird nun in jede Luftmasche eine Rocaille gehäkelt. Dazu in die Luftmasche einstechen, eine Perle an die Handarbeit schieben und mit der Häkelnadel hinter der Perle den Faden holen und zunächst durch die erste Schlaufe ziehen.

**3.** Direkt anschließend noch einmal Faden holen und dann durch beide Schlaufen ziehen. Die Rocailles werden hier also mit festen Maschen eingehäkelt.

**Hinweise:** *Es ist unbedingt zu beachten, dass hier durchgehend sehr fest gehäkelt werden sollte. Auf diese Weise erhält man eine wirklich gleichmäßige Handarbeit.*
*Schmuckstücke können in der Länge variieren. Üblich sind bei Ketten zwischen 36 und 46 cm und bei Armbändern zwischen 18 und 21 cm.*

4. Nun werden Schritt 2 und 3 (siehe Seite 8) wiederholt, bis in jede Luftmasche eine Perle eingehäkelt ist. Wenn sechs Rocailles eingehäkelt sind, sollten alle Luftmaschen im Kreis besetzt sein.

5. Im Anschluss werden alle weiteren Rocailles eingehäkelt. Dazu wird mit der Häkelnadel in die Masche unter der Perle gestochen, und zwar so, dass die bereits eingehäkelte Perle nach links fällt.

6. Die neu einzuhäkelnde Perle vom Faden nach rechts an die Handarbeit schieben. Jetzt wie oben beschrieben (siehe Schritt 2 und 3 auf Seite 8) diese Perle mit einer festen Masche einhäkeln. Auf diese Weise alle weiteren Rocailles einhäkeln und dabei unbedingt darauf achten, dass alle Perlen außen liegen, damit die fertige Kette keine Perlenlöcher aufweist.
Hat die Kette schließlich die gewünschte Länge, wird der Faden abgeschnitten und durch die Schlinge gezogen. An beiden Fadenenden wird der Verschluss angenäht.

**Tipp:** *Es sollte beachtet werden, dass die bereits eingehäkelte Perle und die neu einzuhäkelnde immer dieselbe Farbe haben. Ist dies nicht der Fall, wurde entweder beim Auffädeln oder beim Häkeln ein Fehler gemacht. Ist der Fehler beim Fädeln passiert, einfach die verkehrten Perlen mit einer kleinen Zange herausknipsen. Wurde falsch gehäkelt, muss die Handarbeit leider aufgetrennt werden.*

4

5

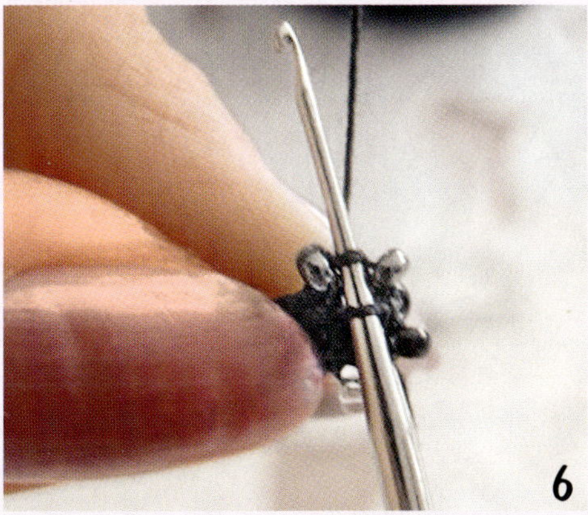
6

# Aufgesetzte Häkeltechnik

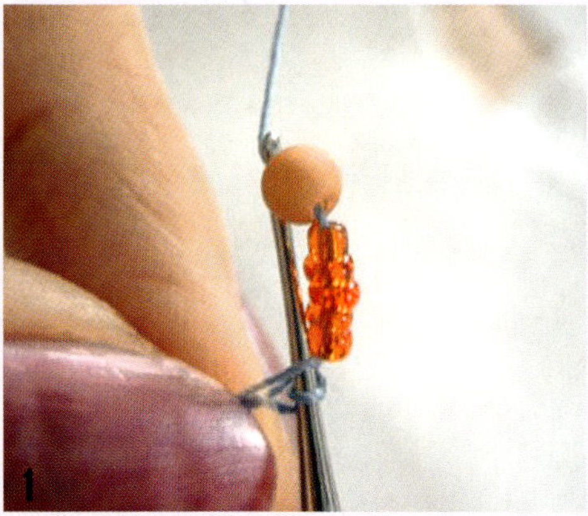

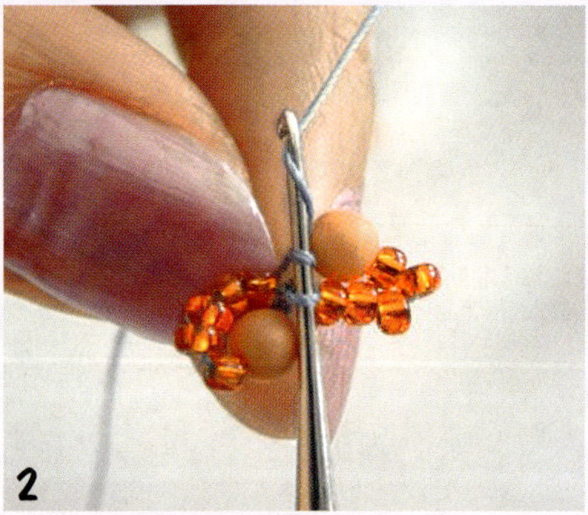

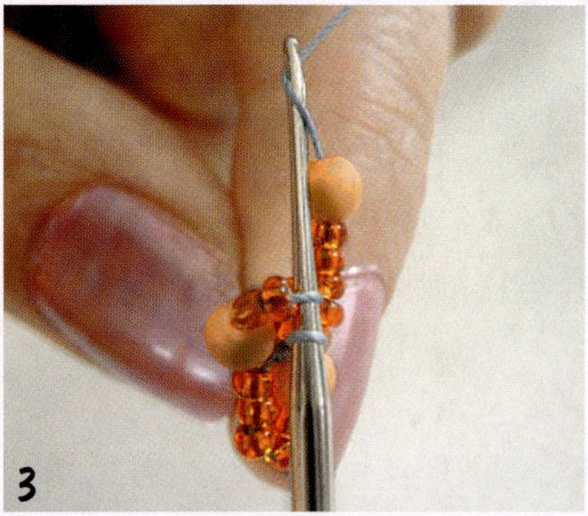

1. Im Wechsel eine große Perle und fünf Rocailles – im Folgenden als Muster bezeichnet – auffädeln, bis der Perlenstrang ca. 2,2–2,5 m lang ist; mit den Rocailles enden. Zwei Luftmaschen häkeln, in die erste Luftmasche einstechen und ein Muster einhäkeln.

2. Dazu hinter der großen Perle den Faden holen und durch die erste Schlaufe ziehen. Faden noch einmal neu holen und durch beide Schlaufen ziehen (feste Masche). Eine Luftmasche anschließen. Eine Perlenschlaufe ist entstanden. Für die zweite Perlenschlaufe noch einmal in die erste Luftmasche stechen und den gesamten Vorgang wiederholen.

3. Nun die Handarbeit so drehen, dass die große Perle zum Körper zeigt. In die erste Schlaufe stechen, die Häkelnadel sollte fest zwischen der dritten und der vierten Rocaille sitzen. Ein neues Muster an die Arbeit schieben und dieses wie in Schritt 2 beschrieben einhäkeln. Im Uhrzeigersinn bis zur gewünschten Länge arbeiten. Zum Schluss noch einmal in die letzte Perlenschlaufe stechen, eine feste Masche und eine Luftmasche häkeln. Den Faden abschneiden und durch die Schlaufe ziehen. Den Verschluss an die beiden Fadenenden nähen, Restfaden durch die letzten Perlen ziehen.

**Tipp:** *Zur Sicherheit kann die Kette zusätzlich mit Textil- oder Sekundenkleber an den Verschlüssen fixiert werden.*

# Gedrehte Häkeltechnik

**1.** Im Wechsel eine Rocaille, eine Facettenperle, einen Glasstift – im Folgenden Muster genannt – auf die Garnrolle fädeln, mit einem Glasstift enden. Die Farbe des Garnfadens sollte hier zu den Perlen passen, da der Faden in der Kette sichtbar bleibt. Die Perlenschnur sollte eine Länge von ca. 2,2 m haben. Den Faden nicht abschneiden! Mit einer Luftmasche beginnen, dann einen Glasstift, eine Facettenperle und eine Rocaille an die Luftmasche heranschieben. Hinter der Rocaille den Faden holen und durch die Schlinge ziehen. Eine Luftmasche anschließen.

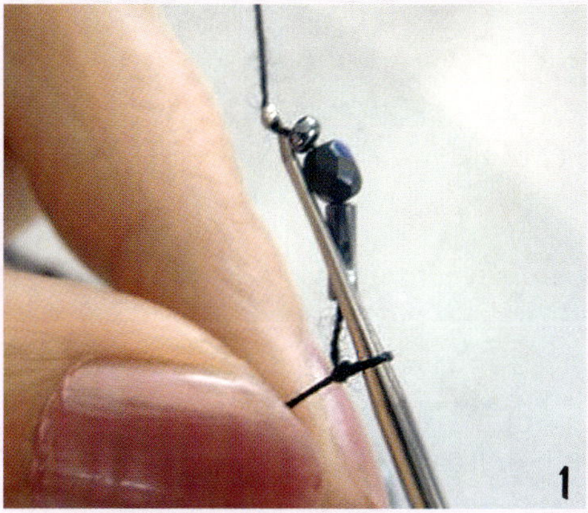


**2.** Die Facettenperle mit der Hand von hinten nach vorne holen, zwischen die Rocaille und den Knoten einstechen, wieder ein Muster an die Handarbeit heranschieben und hinter der Rocaille mit einer Masche einhäkeln. Den Faden durch beide Schlaufen ziehen, eine Luftmasche anschließen.

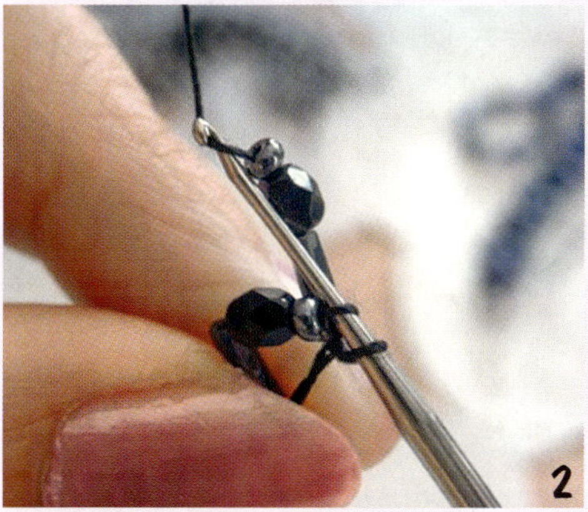


**3.** Mit der Hand die Facettenperle von hinten nach vorne holen, dann Schritt 2 wiederholen. Ist die gewünschte Kettenlänge erreicht, eine Luftmasche häkeln, den Faden abschneiden und diesen durch die Schlinge ziehen.

**Hinweis:** *Größe und Abstand der entstehenden Bögen werden durch die Fadenspannung bestimmt. Ungleichmäßige Fadenspannung führt zu ungleichmäßigen Bögen! Am besten also die Kette in einem Arbeitsgang, d. h. ohne Unterbrechung fertigen.*

# Raffiniert geringelt

## Kette

**1.** Für die Kette im Wechsel eine Rocaille in Marineblau, eine Rocaille in Türkis und eine farblose Rocaille auffädeln, bis der Perlenstrang eine Länge von 2,4 m hat. Den Faden nicht abschneiden.

**2.** Nun in der Schlauchtechnik arbeiten (siehe Grundkurs 2, Seite 8–9): Also sieben Luftmaschen häkeln und zu einem Kreis schließen. Dann in jede Luftmasche mit einer festen Masche eine Rocaille häkeln. Bei allen weiteren Rocailles wird in die Masche unter der Perle gestochen, und zwar so, dass die bereits eingehäkelte Perle nach links fällt, und eine feste Masche gehäkelt.

**3.** Die Kette bis zu einer Länge von 39 cm häkeln. Danach den Faden abschneiden und durch die Schlinge ziehen. An beiden Fadenenden den Magnetverschluss annähen und die Enden am Verschluss noch mit einem kleinen Punkt Textil- oder Sekundenkleber sichern.

## Armband

**1.** Für das Armband die Rocailles in der gleichen Reihenfolge wie bei der Kette auffädeln. Der Perlenstrang sollte eine Länge von ca. 1,1 m haben. Den Faden nicht abschneiden.

**2.** Das Armband wird wie die Kette in der Schlauchtechnik gehäkelt (siehe Grundkurs 2 auf Seite 8–9). Hat der gehäkelte Armbandstrang eine Länge von 18 cm, wird das Armband beendet. Dazu den Faden abschneiden und durch die Schlinge ziehen.

**3.** Zum Abschluss wird an einem Ende des Armbands mit dem bereits vorhandenen Faden der Spaltring angenäht und am anderen Ende der Karabinerhaken. Die Fadenenden vernähen und noch mit etwas Textilkleber sichern.

*Farbvarianten der Kette finden Sie auf Seite 14 und 15.*

## Material

Kette
- *Rocailles mit Silbereinzug in Marineblau, Ø 2,5 mm, 1 Dose*
- *Rocailles mit Silbereinzug in Türkis und farblos, Ø 2,2–2,5 mm, je 1 Dose*
- *Magnetverschluss in Silber, rund*

Armband
- *Rocailles mit Silbereinzug in Marineblau, Ø 2,5 mm, 1 Dose*
- *Rocailles mit Silbereinzug in Türkis und farblos, Ø 2,2–2,5 mm, je 1 Dose*
- *Spaltring in Silber, 7 mm*
- *Karabinerverschluss in Silber, 14 mm*

Beide Modelle
- *Knopflochgarn in Weiß*
- *Fädelnadel*
- *Häkelnadel, 1,25 mm*
- *Schale zum Auffädeln*
- *Zange*
- *Textilkleber*

## Material

**Kette in Rot**
- *Rocailles in Schwarz, Ø 2,5 mm, 1 Dose*
- *Rocailles mit Silbereinzug in Rot und farblos, Ø 2,2–2,5 mm, je 1 Dose*

**Kette in Schwarz-Lila**
- *Rocailles in Schwarz, Ø 2,5 mm, 1 Dose*
- *Rocailles, perlmutt, in Lila, Ø 2,5 mm, 1 Beutel*
- *Rocailles mit Silbereinzug in Pink, Ø 2,2–2,5 mm, 1 Dose*

**Kette in Weiß**
- *Rocailles, Hexagon, in Weiß metallic, Ø 2,5 mm, 2 Dosen*

**Kette in Grau**

- *Rocailles in Anthrazit metallic, Ø 2,5 mm, 1 Dose*
- *Rocailles, perlmutt, in Altsilber, Ø 2,5 mm, 1 Beutel*
- *Rocailles mit Silbereinzug, farblos, Ø 2,2–2,5 mm, 1 Dose*

**Kette in Schwarz**

- *Rocailles in Schwarz und in Anthrazit metallic, Ø 2,5 mm, je 1 Dose*
- *Rocailles mit Silbereinzug, farblos, Ø 2,2–2,5 mm, 1 Dose*

# Blaugrüne Impressionen

## Kette in Blau-Schwarz-Grün

**1.** Im Wechsel eine Rocaille in Schwarz, eine in Blau und eine in Smaragd auffädeln, bis der Perlenstrang eine Länge von ca. 2,3–2,4 m hat.

**2.** Jetzt in der Schlauchtechnik arbeiten (siehe Grundkurs 2, Seite 8–9): Sieben Luftmaschen häkeln und zu einem Kreis schließen. In jede Luftmasche mit einer festen Masche eine Rocaille häkeln.

**3.** Bei allen weiteren Rocailles in die Masche unter der Perle stechen, und zwar so, dass die bereits eingehäkelte Perle nach links fällt, und eine feste Masche häkeln.

**4.** Die Kette bis zu einer Länge von ca. 37 cm häkeln. Dann den Faden abschneiden und durch die Schlinge ziehen. An beiden Fadenenden den Magnetverschluss annähen und die Enden am Verschluss noch mit etwas Textilkleber sichern.

## Kette in Blau-Grün schimmernd

**1.** Die Rocailles in Jade einfach in die flache Schale zum Auffädeln geben und daraus auffädeln, bis der Perlenstrang schließlich eine Länge von ca. 2,3–2,4 m hat.

**2.** Jetzt in der Schlauchtechnik arbeiten (siehe Grundkurs 2, Seite 8–9): Sieben Luftmaschen häkeln und zu einem Kreis schließen. Dann in jede Luftmasche mit einer festen Masche eine Rocaille häkeln. Bei allen weiteren Rocailles wird in die Masche unter der Perle gestochen und eine feste Masche gehäkelt.

**3.** Hat die Kette eine Länge von etwa 36 cm, den Faden abschneiden und durch die Schlinge ziehen. An beiden Fadenenden den Magnetverschluss annähen.

**Tipp:** *Bei einer einfarbigen Kette muss besonders darauf geachtet werden, dass die Maschen- und Perlenzahl eingehalten wird. Deshalb sollte hier von Zeit zu Zeit überprüft werden, ob auch wirklich noch sechs Perlen in der Runde gehäkelt werden.*

## Material

Kette in Blau-Schwarz-Grün geringelt

- *Rocailles in Schwarz, Ø 2,5 mm, 1 Dose*
- *Rocailles, irisierend, in Blau, Ø 2,5 mm, 1 Dose*
- *Rocailles mit Silbereinzug in Smaragd, Ø 2,5 mm, 1 Dose*
- *Magnetverschluss in Gold, rund*

Kette in Blau-Grün schimmernd

- *Rocailles, transparent, in Jade, Ø 2,5 mm, 2 Beutel à 10 g*
- *Magnetverschluss in Gold, rund*

**Beide Modelle**

- *Knopflochgarn in Schwarz*
- *Fädelnadel, Häkelnadel, 1,25 mm*
- *Schale zum Auffädeln, Zange, Textilkleber*

# Schlicht mit Flair

## Kette

1. Im Wechsel einen gedrehten Glasstift in Rot und drei rote Rocailles auffädeln (Muster), bis die Perlenschnur eine Länge von ca. 2,5 m hat. Jetzt die Fädelnadel entfernen und am Anfang des Fadens drei Luftmaschen häkeln.

2. Nun in der türkischen Häkeltechnik fortfahren (siehe Grundkurs 1 auf Seite 6 und 7, Schritt 2–6). Zu Beginn hier etwas lockerer häkeln, damit sich die Stifte als Strang an den Faden ziehen.

3. Hat die Kette eine Länge von 41 cm erreicht, die Arbeit beenden (Grundkurs 1, Seite 7, Schritt 6), d. h. in die Perlenschlaufe stechen, kein Muster holen, sondern den Faden durch die beiden Schlaufen ziehen, eine Luftmasche häkeln, Vorgang wiederholen. Den Faden abschneiden und durch die Schlinge ziehen. An beiden Fadenenden den Magnetverschluss annähen und mit etwas Kleber fixieren.

## Fußkettchen

1. Für das Fußkettchen im Wechsel einen roten Glasstift und drei rote Rocailles (Muster) auffädeln, bis der Perlenstrang etwa 2 m lang ist. Jetzt die Fädelnadel entfernen und am Anfang des Fadens drei Luftmaschen häkeln.

2. Nun in der türkischen Häkeltechnik arbeiten (siehe Grundkurs 1 auf Seite 6 und 7, Schritt 2–6).

3. Hat das Kettchen die gewünschte Länge erreicht, die Arbeit beenden (Grundkurs 1, Seite 7, Schritt 6). Am vorderen Fadenende wird der Karabinerhaken und am hinteren Fadenende der Handarbeit der Spaltring angenäht. Die Enden mit etwas Textilkleber fixieren.

**Tipp:** *Schadhafte Glasstifte aussortieren und nicht auffädeln, da diese den Faden zerschneiden können.*

*Farbvarianten der Kette finden Sie auf Seite 20 und 21.*

## Material

**Kette**
- *Glasstifte, gedreht, in Rot, Ø 2 mm, 7 mm, 1 Dose à 24 g*
- *Rocailles, transparent, in Dunkelrot, 1 Beutel*
- *Magnetverschluss in Silber, länglich*

**Fußkettchen**
- *Glasstifte, gedreht, in Rot, Ø 2 mm, 7 mm, 1 Dose à 24 g*
- *Rocailles, transparent, in Dunkelrot, 1 Beutel*
- *Spaltring in Silber, 7 mm*
- *Karabinerverschluss in Silber, 14 mm*

**Beide Modelle**
- *Knopflochgarn in Rot oder Schwarz*
- *Fädelnadel*
- *Häkelnadel, 1,25 mm*
- *Schale zum Auffädeln*
- *Zange*
- *Textilkleber*

## Material

**Kette in Pink**

- *Glasstifte in Pink, Ø 2 mm, 7 mm, 1 Dose*
- *Rocailles mit Silbereinzug in Pink, Ø 2,5 mm, 1 Dose*
- *Rocailles in Rosa, Ø 2,2–2,5 mm, 1 Beutel*

**Kette in Orange**

- *Glasstifte in Orange, Ø 2 mm, 7 mm, 1 Dose*
- *Rocailles, matt, in Orange, Ø 2,5 mm, 1 Dose*
- *Rocailles mit Silbereinzug in Orange, Ø 2,5 mm, 1 Dose*

**Kette in Blau**
- *Glasstifte in Blau, Ø 2 mm, 7 mm, 1 Dose*
- *Rocailles mit Silbereinzug in Mittelblau und Blau meliert, Ø 2,5 mm, je 1 Dose*

**Kette in Gelb**
- *Glasstifte in Gelb, Ø 2 mm, 7 mm, 1 Beutel*
- *Rocailles in Gelb und Orange, Ø 2,2–2,5 mm, je 1 Dose*

**Kette in Weiß**
- *Glasstifte, gedreht, mit Silbereinzug, farblos, Ø 2 mm, 7 mm, 1 Dose*
- *Rocailles in Schneeweiß, Ø 2,5 mm, 1 Dose*

# Perlenzauber

## Kette

**1.** Im Wechsel eine Wachsperle in Rosa, eine Rocaille in Rosa, eine Rocaille in Weiß, eine Rocaille in Rosa (Muster), eine Wachsperle in Weiß, eine Rocaille in Rosa, eine Rocaille in Weiß und eine Rocaille in Rosa auf die Garnrolle fädeln. Hat der Perlenstrang eine Gesamtlänge von ca. 2,5 m, das Auffädeln mit drei Rocailles beenden. Fädelnadel entfernen und am Anfang des Fadens drei Luftmaschen häkeln.

**2.** Nun in der türkischen Häkeltechnik arbeiten (siehe Grundkurs 1 auf Seite 6 und 7, Schritt 2–6).

**3.** Ist die Kette etwa 42 cm lang, die Arbeit beenden (Grundkurs 1, Seite 7, Schritt 6), d. h. in die Perlenschlaufe stechen, kein Muster holen, sondern den Faden durch die beiden Schlaufen ziehen, eine Luftmasche häkeln, Vorgang wiederholen. Den Faden abschneiden und durch die Schlinge ziehen. Den Verschluss annähen und mit etwas Kleber fixieren.

## Armband

**1.** Für das Armband Wachsperlen und Rocailles in der gleichen Reihenfolge wie bei der Kette auffädeln. Der Perlenstrang sollte eine Länge von etwa 1 m haben. Den Faden nicht abschneiden.

**2.** Das Armband wird nun wie die Kette in der türkischen Häkeltechnik gehäkelt (siehe Grundkurs 1 auf Seite 6–7).

**3.** Ist die gewünschte Länge erreicht, wird das Armband beendet. Den Faden abschneiden und durch die Schlinge ziehen. Am vorderen Fadenende den Karabinerhaken und am hinteren Fadenende der Handarbeit den Spaltring annähen.

**Tipp:** *Wer zuvor die Kette gehäkelt hat, kann das Armband auch gut aus den Restperlen der Kette arbeiten.*

*Farbvarianten der Kette finden Sie auf Seite 24 und 25.*

## Material

**Kette**
- *Wachsperlen in Weiß und Rosa, Ø 4 mm, je 2 Beutel à 100 Stück*
- *Rocailles in Weiß, Ø 2,5 mm, 1 Dose*
- *Rocailles mit Silbereinzug in Rosa, Ø 2,5 mm, 1 Beutel*
- *Magnetverschluss in Silber, rund*

**Armband**
- *Wachsperlen in Rosa und Weiß, Ø 4 mm, je 1 Beutel à 100 Stück*
- *Rocailles in Weiß, Ø 2,5 mm, 1 Dose*
- *Rocailles mit Silbereinzug in Rosa, Ø 2,5 mm, 1 Beutel*
- *Spaltring in Silber, 7 mm*
- *Karabinerverschluss in Silber, 14 mm*

**Beide Modelle**
- *Knopflochgarn in Weiß*
- *Fädelnadel, Häkelnadel, 1,25 mm*
- *Schale zum Auffädeln, Zange*
- *Textilkleber*

## Material

**Kette in Blau-Türkis**

- *Wachsperlen in Dunkelblau und in Türkis, matt, Ø 4 mm, je 2 Beutel à 100 Stück*
- *Rocailles mit Silbereinzug in Blau, Ø 2,5 mm, 1 Dose*
- *Rocailles in Smaragd, Ø 2,5 mm, 1 Dose*

**Kette in Weiß**

- *Wachsperlen in Weiß und Silber, Ø 4 mm, je 2 Beutel à 80 Stück*
- *Rocailles in Weiß und mit Silbereinzug, farblos, Ø 2,5 mm, je 1 Dose*

**Kette in Rot-Grau**

- *Wachsperlen in Rot und in Anthrazit, Ø 4 mm, je 2 Beutel à 100 Stück*

- *Rocailles mit Silbereinzug in Rot, Ø 2,5 mm, 1 Dose*
- *Rocailles in Anthrazit, Ø 2,5 mm, 1 Dose*

Kette in Schwarz-Silber

- *Wachsperlen in Schwarz und in Silber rustikal, Ø 4 mm, je 2 Beutel à 80 Stück*
- *Rocailles in Schwarz und mit Silbereinzug, farblos, Ø 2,5 mm, je 1 Dose*

Kette in Dunkelblau

- *Frischwasserperlen in Blau, Ø 4 mm, 2 Dosen*
- *Wachsperlen in Dunkelblau, Ø 4 mm, 2 Beutel à 90 Stück*
- *Rocailles in Marine und mit Silbereinzug in Türkis, Ø 2,5 mm, je 1 Dose*

# Edel und klassisch

## Kette in Gold

1. Im Wechsel auffädeln: eine Wachsperle in Gold, eine Rocaille in Creme, eine Rocaille in Gold, eine Rocaille in Creme, eine Glasperle in Creme, eine Rocaille in Creme, eine Rocaille in Gold und eine Rocaille in Creme. Dieses kompakte Muster fädeln, bis der Perlenstrang eine Länge von ca. 2,7 m hat. Fädelnadel entfernen.

2. Nun drei Luftmaschen häkeln und in der türkischen Häkeltechnik fortfahren (siehe Grundkurs 1 auf Seite 6 und 7, Schritt 2–6).

3. Hat die Kette eine Länge von 46 cm erreicht, die letzten Maschen wie beschrieben abhäkeln, d. h. wie zuvor in die Perlenschlaufe einstechen, aber kein neues Muster holen, sondern den Faden durch die beiden Schlaufen ziehen und eine Luftmasche häkeln, Vorgang wiederholen. Den Faden abschneiden und durch die Schlinge ziehen. Mit den Fadenenden den Verschluss annähen, zur Sicherheit noch verkleben.

## Kette in Schwarz

1. Die Perlen werden wie folgt gefädelt: eine Wachsperle in Schwarz, eine Rocaille in Schwarz, eine Rocaille in Gold, eine Rocaille in Schwarz, eine Wachsperle in Gold rustikal, eine Rocaille in Schwarz, eine Rocaille in Gold und eine Rocaille in Schwarz. Der Perlenstrang sollte schließlich ca. 2,7 m lang sein. Fädelnadel entfernen.

2. Mit drei Luftmaschen beginnen und in der türkischen Häkeltechnik von Seite 6 und 7 weiterarbeiten (siehe Grundkurs 1 auf Seite 6 und 7, Schritt 2–6).

3. Hat die Kette eine Länge von 46 cm bzw. die gewünschte Länge, die Häkelarbeit wie beschrieben beenden. Den Faden abschneiden und durch die Schlinge ziehen. Mit den Fadenenden den Verschluss annähen, mit etwas Textilkleber sichern.

## Material

**Kette in Gold**
- *Glasperlen in Creme, Ø 4 mm, 1 Dose à 345 Stück*
- *Wachsperlen in Gold, Ø 4 mm, 2 Beutel à 80 Stück*
- *Rocailles in Gold, Ø 2,5 mm, 1 Dose*
- *Rocailles in Creme, Ø 2,5 mm, 1 Beutel*
- *Knopflochgarn in Weiß*

**Kette in Schwarz**
- *Wachsperlen in Schwarz und in Gold rustikal, Ø 4 mm, je 2 Beutel à 80 Stück*
- *Rocailles in Schwarz und in Gold, Ø 2,5 mm, je 1 Dose*
- *Knopflochgarn in Schwarz*

**Beide Modelle**
- *Magnetverschluss in Gold, rund*
- *Fädelnadel*
- *Häkelnadel, 1,25 mm*
- *Schale zum Auffädeln*
- *Zange*
- *Textilkleber*

# Kühler Charme

## Kette in Blau

1. Im Wechsel eine Wachsperle in Hellblau und fünf Rocailles in Blau meliert auf den Faden einer Rolle Knopflochgarn in Blau auffädeln, bis der Perlenstrang 2 m lang ist.

2. In der aufgesetzten Häkeltechnik arbeiten (siehe Grundkurs 3 auf Seite 10, Schritt 1–3), d. h. für die erste Perlenschlaufe zwei Luftmaschen häkeln, in die erste Luftmasche einstechen, hinter der Wachsperle den Faden holen, durch die erste Schlaufe ziehen. Faden noch einmal holen, durch beide Schlaufen ziehen (feste Masche). Eine Luftmasche anschließen.

3. Für die zweite Perlenschlaufe noch einmal in die erste Luftmasche stechen und den Vorgang wiederholen.

4. Die Handarbeit drehen, die große Perle zeigt zum Körper. In die erste Schlaufe stechen, ein neues Muster an die Arbeit schieben und einhäkeln. Im Uhrzeigersinn so arbeiten, bis die Kette eine Länge von 40 cm hat.

5. Noch einmal in die letzten Perlen stechen, eine feste Masche und eine Luftmasche häkeln. Faden abschneiden und durch die Schlaufe ziehen. Den Verschluss annähen, zur Sicherheit mit Kleber fixieren.

## Kette in Grün

1. Im Wechsel eine Wachsperle in Türkis und fünf Rocailles in Smaragd auffädeln. Der Perlenstrang sollte schließlich eine Länge von ca. 2,1 m haben.

2. Nun die Kette in der aufgesetzten Häkeltechnik arbeiten (siehe Grundkurs 3 auf Seite 10, Schritt 1–3).

3. Ist die Kette bis zu einer Länge von 43 cm gehäkelt, die Handarbeit beenden. Die Verschlüsse an die Fadenenden annähen und mit etwas Textilkleber fixieren.

## Material

Kette in Blau
- *Wachsperlen in Hellblau, Ø 4 mm, 3 Beutel à 100 Stück*
- *Rocailles mit Silbereinzug in Blau meliert, Ø 2,5 mm, 1 Dose*
- *Knopflochgarn in Blau*

Kette in Grün
- *Wachsperlen in Türkis, Ø 4 mm, 3 Beutel à 100 Stück*
- *Rocailles mit Silbereinzug in Smaragd, Ø 2,5 mm, 1 Dose*
- *Knopflochgarn in Hellblau*

Beide Modelle
- *Magnetverschluss in Silber, rund*
- *Fädelnadel, Häkelnadel, 1,25 mm*
- *Schale zum Auffädeln*
- *Zange*
- *Textilkleber*

# Apart gedreht

## Kette in Schwarz

1. Im Wechsel eine schwarze Rocaille, eine Facettenperle und einen Glasstift in Anthrazit (Muster) auffädeln, bis der Perlenstrang eine Länge von ca. 2 m hat.

2. In der gedrehten Häkeltechnik arbeiten (Grundkurs 4 auf Seite 11, Schritt 1–3): Eine Luftmasche häkeln, ein Muster an die Luftmasche heranschieben. Hinter der Rocaille den Faden holen, durch die Schlinge ziehen. Eine Luftmasche anschließen. Die Facettenperle mit der Hand von hinten nach vorne holen, zwischen die Rocaille und den Knoten einstechen, ein Muster an die Handarbeit heranschieben und mit einer Masche einhäkeln. Faden durch beide Schlaufen ziehen, eine Luftmasche häkeln. Wieder eine Facettenperle nach vorne holen und Vorgang wiederholen.

3. Hat die Kette eine Länge von 42 cm, die Arbeit beenden, indem man noch eine Luftmasche häkelt, den Faden abschneidet und durch die Schlinge zieht. Den Verschluss an die Fadenenden annähen und mit etwas Textilkleber fixieren.

## Kette in Bernstein

1. Im Wechsel fädeln: eine Rocaille in Gold, eine Facettenperle in Bernstein und einen Glasstift in Goldgelb. Der Perlenstrang sollte eine Länge von mindestens 2 m haben.

2. In der gedrehten Häkeltechnik arbeiten (Grundkurs 4 auf Seite 11, Schritt 1–3).

3. Hat die Kette die gewünschte Länge, die Arbeit beenden, den Verschluss annähen und mit Kleber fixieren.

**Tipp:** *Darauf achten, dass keine fehlerhaften Glasstifte aufgefädelt werden, diese können den Faden zerschneiden.*

## Material

**Kette in Schwarz**
- *Facettenperlen in Schwarz, Ø 4 mm, ca. 150 Stück*
- *Glasstifte, gedreht, in Anthrazit metallic, Ø 2 mm, 7 mm, 1 Dose*
- *Rocailles in Anthrazit metallic, Ø 2,5 mm, 1 Dose*
- *Magnetverschluss in Silber, länglich*
- *Knopflochgarn in Schwarz*

**Kette in Bernstein**
- *Facettenperlen in Bernstein, Ø 4 mm, ca. 150 Stück*
- *Rocailles mit Silbereinzug in Gold, Ø 2,5 mm, 1 Dose*
- *Glasstifte in Goldgelb, Ø 2 mm, 5 mm, 1 Beutel à 10 g*
- *Magnetverschluss in Gold, länglich*
- *Knopflochgarn in Ocker*

**Beide Modelle**
- *Fädelnadel*
- *Häkelnadel, 1,25 mm*
- *Schale zum Auffädeln*
- *Zange*
- *Textilkleber*

# Impressum

**Entwürfe und Realisation:** Angela Brandt
**Lektorat:** Regina Sidabras
**Redaktion:** Ulrike Bogatz
**Fotos:** Inge Ofenstein, München
**Styling:** Ulrike Hundhammer
**Umschlaggestaltung:** Ruth Jungbluth
**Layout und Produktion:** buchkonzept@web.de
**Druck und Verarbeitung:** Himmer AG, Augsburg

ISBN: 978-3-89858-649-8
Art.-Nr. 649

4. Auflage 2008

Buchverlag OZ creativ, Freiburg

Die Autorin dankt den Firmen Rayher, KnorrPrandell, Gütermann, Farbenspiel und Pracht für ihre freundliche Unterstützung.